Europäisches Parlament, Rat der Europäischen Union

Verordnung (EU) Nr. 473/2013 des Europäischen Parlaments und des Rates vom 21. Mai 2013

über gemeinsame Bestimmungen für die Überwachung und Bewertung der Übersichten über die Haushaltsplanung und für die Gewährleistung der Korrektur übermäßiger Defizite [...]

AF871080

AP

Antiphon Verlag

Europäisches Parlament, Rat der Europäischen Union

Verordnung (EU) Nr. 473/2013 des Europäischen Parlaments und des Rates vom 21. Mai 2013

über gemeinsame Bestimmungen für die Überwachung und Bewertung der Übersichten über die Haushaltsplanung und für die Gewährleistung der Korrektur übermäßiger Defizite [...]

1. Auflage 2026 | ISBN: 978-3-38798-666-2

Antiphon Verlag ist ein Imprint der Antiquum Novum Verlag.

Verlag: Antiquum Novum Verlag UG (haftungsbeschränkt), Im Erlengrund 6a, 35510 Butzbach, Deutschland, info@antiquum-novum.de
Vertretungsberechtigt: E. Roepke, Zeilweg 44, 60439 Frankfurt, Deutschland
Druck: Libri Plureos GmbH, Friedensallee 273, 22763 Hamburg, Deutschland

Diese Textausgabe ist nicht rechtsverbindlich. Maßgeblich ist ausschließlich die im Amtsblatt der Europäischen Union veröffentlichte authentische Fassung.

VERORDNUNG (EU) Nr. 473/2013 DES EUROPÄISCHEN PARLAMENTS UND DES RATES

vom 21. Mai 2013

über gemeinsame Bestimmungen für die Überwachung und Bewertung der Übersichten über die Haushaltsplanung und für die Gewährleistung der Korrektur übermäßiger Defizite der Mitgliedstaaten im Euro-Währungsgebiet

DAS EUROPÄISCHE PARLAMENT UND DER RAT DER EUROPÄISCHEN UNION —

gestützt auf den Vertrag über die Arbeitsweise der Europäischen Union, insbesondere auf Artikel 136 in Verbindung mit Artikel 121 Absatz 6,

auf Vorschlag der Europäischen Kommission,

nach Zuleitung des Entwurfs des Gesetzgebungsakts an die nationalen Parlamente,

nach Stellungnahme der Europäischen Zentralbank ([1]),

gemäß dem ordentlichen Gesetzgebungsverfahren ([2]),

in Erwägung nachstehender Gründe:

(1) Dem Vertrag über die Arbeitsweise der Europäischen Union (AEUV) zufolge sind die Mitgliedstaaten verpflichtet, ihre Wirtschaftspolitik als Angelegenheit von gemeinsamem Interesse zu betrachten, sich haushaltspolitisch vom Gebot gesunder öffentlicher Finanzen leiten zu lassen und dafür zu sorgen, dass ihre Wirtschaftspolitik das ordnungsgemäße Funktionieren der Wirtschafts- und Währungsunion nicht zu gefährden droht.

(2) Der Stabilitäts- und Wachstumspakt ist auf die Gewährleistung von Haushaltsdisziplin in der gesamten Union ausgerichtet und bildet den Rahmen für die Vermeidung und Korrektur übermäßiger öffentlicher Defizite. Er beruht auf dem Ziel einer gesunden öffentlichen Finanzlage als Mittel zur Verbesserung der Voraussetzungen für Preisstabilität und ein solides, nachhaltiges Wachstum, das auf einem stabilen Finanzsystem fußt, was zur Verwirklichung der Ziele der Union für nachhaltiges Wachstum und Beschäftigung beiträgt. Der Stabilitäts- und Wachstumspakt umfasst das System der multilateralen Überwachung gemäß der Verordnung (EG) Nr. 1466/97 des Rates vom 7. Juli 1997 über den Ausbau der haushaltspolitischen Überwachung und der Überwachung und Koordinierung der Wirtschaftspolitiken ([3]) sowie das Verfahren zur Vermeidung eines übermäßigen öffentlichen Defizits gemäß Artikel 126 AEUV, das in der Verordnung (EG) Nr. 1467/97 des Rates vom 7. Juli 1997 über die Beschleunigung und Klärung des Verfahrens bei einem übermäßigen Defizit ([4]) genauer geregelt wird. Der Stabilitäts- und Wachstumspakt wurde durch die Verordnung (EU) Nr. 1175/2011 des Europäischen Parlaments und des Rates ([5]) und die Verordnung (EU) Nr. 1177/2011 des Rates ([6]) weiter gestärkt. Durch die Verordnung (EG) Nr. 1173/2011 des Europäischen Parlaments und des Rates vom 16. November 2011 über die wirksame Durchsetzung der haushaltspolitischen Überwachung im Euro-Währungsgebiet ([7]) kam ein System wirksamer, präventiver und abgestufter Durchsetzungsmechanismen in Form von Sanktionen gegen die Mitgliedstaaten, deren Währung der Euro ist, hinzu.

(3) Durch die Stärkung des Stabilitäts- und Wachstumspakts wurden die Leitlinien für die Mitgliedstaaten in Bezug auf eine umsichtige Finanzpolitik verbessert, und das Verfahren zur Verhängung von Sanktionen für Verstöße gegen eine umsichtige Haushaltspolitik gegen die Mitgliedstaaten, deren Währung der Euro ist, wurde verschärft und stärker automatisiert, damit keine übermäßigen staatlichen Defizite entstehen. Durch diese Bestimmungen wurde ein umfassenderer Rahmen geschaffen.

(4) Um für eine engere Koordinierung der Wirtschaftspolitik und eine dauerhafte Konvergenz der Wirtschaftsleistung der Mitgliedstaaten zu sorgen, bietet das mit Artikel 2-a der Verordnung (EG) Nr. 1466/97 eingerichtete Europäische Semester einen Rahmen für die wirtschaftspolitische Koordinierung. Das Europäische Semester umfasst die Bestimmung sowie die Überwachung der Umsetzung der Grundzüge der Wirtschaftspolitik der Mitgliedstaaten und der Union (im Folgenden "Grundzüge der Wirtschaftspolitik") nach Maßgabe des Artikels 121 Absatz 2 AEUV, die Bestimmung sowie die Prüfung der Umsetzung der von den Mitgliedstaaten gemäß Artikel 148 Absatz 2 AEUV zu berücksichtigenden beschäftigungspolitischen Leitlinien (im Folgenden "beschäftigungspolitische Leitlinien"), die Übermittlung und Bewertung der Stabilitäts- oder Konvergenzprogramme der Mitgliedstaaten nach der genannten Verordnung, die Übermittlung und Bewertung der nationalen Reformprogramme der Mitgliedstaaten, mit denen die Strategie der Union für Wachstum und Beschäftigung unterstützt wird und die gemäß den Grundzügen der Wirtschaftspolitik, den beschäftigungspolitischen Leitlinien und den zu Beginn des

([1]) ABl. C 141 vom 17.5.2012, S. 7.
([2]) Standpunkt des Europäischen Parlaments vom 12. März 2013 (noch nicht im Amtsblatt veröffentlicht) und Beschluss des Rates vom 13. Mai 2013.
([3]) ABl. L 209 vom 2.8.1997, S. 1.
([4]) ABl. L 209 vom 2.8.1997, S. 6.
([5]) ABl. L 306 vom 23.11.2011, S. 12.
([6]) ABl. L 306 vom 23.11.2011, S. 33.
([7]) ABl. L 306 vom 23.11.2011, S. 1.

jährlichen Überwachungszyklus von der Kommission (im Jahreswachstumsbericht) und vom Europäischen Rat für die Mitgliedstaaten herausgegebenen allgemeinen Leitlinien aufgestellt werden, und die Überwachung zur Vermeidung und Korrektur makroökonomischer Ungleichgewichte gemäß der Verordnung (EU) Nr. 1176/2011 des Europäischen Parlaments und des Rates vom 16. November 2011 über die Vermeidung und Korrektur makroökonomischer Ungleichgewichte [1]. Stellungnahmen, die im Zusammenhang mit einem von dieser Verordnung eingerichteten Wirtschaftspartnerschaftsprogramm abgegeben wurden, sollte gegebenenfalls ebenfalls Rechnung getragen werden.

(5) Um es der Union zu ermöglichen, durch die Stärkung von Wettbewerbsfähigkeit, Produktivität, Wachstumspotenzial, sozialem Zusammenhalt und wirtschaftlicher Konvergenz intern und auf internationaler Ebene gestärkt aus der Krise hervorzugehen, hat der Europäische Rat in seinen Schlussfolgerungen vom 17. Juni 2010 eine neue Unionsstrategie für Wachstum und Beschäftigung angenommen, die auch Ziele in den Bereichen Armutsbekämpfung, Bildung, Innovation und Umweltschutz umfasst.

(6) Gemäß dem AEUV ist es zulässig, spezifische Maßnahmen für das Euro-Währungsgebiet zu erlassen, die über die für alle Mitgliedstaaten geltenden Bestimmungen zur Stärkung der Koordinierung und Überwachung ihrer Haushaltsdisziplin hinausgehen, um das ordnungsgemäße Funktionieren der Wirtschafts- und Währungsunion sicherzustellen. Mit dieser verstärkten Koordinierung und Überwachung sollte einhergehen, dass das Europäische Parlament und die nationalen Parlamente je nach Sachlage angemessen einbezogen werden. Die spezifischen Maßnahmen gemäß Artikel 136 AEUV sollten, soweit angemessen und erforderlich, aktiv eingesetzt werden.

(7) Bei der Anwendung dieser Verordnung sollte Artikel 152 AEUV uneingeschränkt eingehalten werden, und bei den im Rahmen dieser Verordnung ausgesprochenen Empfehlungen sollten die nationalen Gepflogenheiten und Einrichtungen für die Lohnbildung beachtet werden. Im Rahmen dieser Verordnung wird Artikel 28 der Charta der Grundrechte der Europäischen Union berücksichtigt, sodass das Recht, gemäß den nationalen Rechtsvorschriften und Gepflogenheiten Tarifverträge auszuhandeln, abzuschließen oder durchzusetzen oder kollektive Maßnahmen zu ergreifen, unberührt bleibt.

(8) Artikel 9 AEUV sieht vor, dass die Union bei der Festlegung und Durchführung ihrer Politik und ihrer Maßnahmen den Erfordernissen im Zusammenhang mit der Förderung eines hohen Beschäftigungsniveaus, mit der Gewährleistung eines angemessenen sozialen Schutzes, mit der Bekämpfung der sozialen Ausgrenzung sowie mit einem hohen Niveau der allgemeinen und beruflichen Bildung und des Gesundheitsschutzes Rechnung trägt.

(9) Durch die nach Maßgabe dieser Verordnung stufenweise verstärkte Überwachung und Koordinierung sollen das Europäische Semester für wirtschaftspolitische Koordinierung vervollständigt, die bereits geltenden Bestimmungen des Stabilitäts- und Wachstumspakts weiter ergänzt und die Überwachung der Haushalts- und Wirtschaftspolitik in den Mitgliedstaaten, deren Währung der Euro ist, verstärkt werden. Ein stufenweise verstärktes Überwachungsverfahren sollte zu besseren haushalts- und wirtschaftspolitischen Ergebnissen, makrofinanzieller Stabilität und Wirtschaftskonvergenz beitragen, was allen Mitgliedstaaten, deren Währung der Euro ist, zugutekäme. Eine genauere Überwachung als Teil eines stufenweise verstärkten Verfahrens ist für Mitgliedstaaten, die Gegenstand eines Defizitverfahrens sind, besonders wertvoll.

(10) Durch verzerrte und unrealistische makroökonomische Prognosen und Haushaltsprognosen können die Wirksamkeit der Haushaltsplanung erheblich beeinträchtigt und damit das Bemühen um Haushaltsdisziplin unterminiert werden. Unverzerrte und realistische makroökonomische Prognosen können von unabhängigen Einrichtungen oder gegenüber den Haushaltsbehörden eines Mitgliedstaats funktionell eigenständigen Einrichtungen bereitgestellt werden, wobei diese Einrichtungen auf nationale Rechtsvorschriften gestützt sein sollten, mit denen ein hohes Maß an funktioneller Eigenständigkeit und Rechenschaftspflicht sichergestellt ist. Auf solche Prognosen sollte während des gesamten Haushaltsverfahrens zurückgegriffen werden.

(11) Für solide öffentliche Finanzen kann am besten im Planungsstadium gesorgt werden, und grobe Fehler sollten so früh wie möglich erkannt werden. Die Mitgliedstaaten sollten nicht nur von der Festlegung von Leitgrundsätzen und Haushaltszielen profitieren, sondern auch von einer synchronisierten Überwachung ihrer Haushaltspolitik.

(12) Über die Schaffung eines gemeinsamen Haushaltszeitplans für die Mitgliedstaaten, deren Währung der Euro ist, dürften die wichtigen Schritte bei der Ausarbeitung nationaler Haushaltspläne besser synchronisiert werden, was die Wirksamkeit des Stabilitäts- und Wachstumspakts und des Europäischen Semesters für die Koordinierung der Wirtschaftspolitik erhöht. Dies dürfte durch einfachere politische Abstimmung unter den Mitgliedstaaten, deren Währung der Euro ist, und durch die Sicherstellung, dass die Empfehlungen des Rates und der Kommission angemessen in das Haushaltsverfahren der Mitgliedstaaten einfließen, zu mehr Synergien führen. Dieses Verfahren sollte mit dem Rahmen für die wirtschaftspolitische Koordinierung im Zusammenhang mit dem jährlichen Überwachungszyklus, der insbesondere die allgemeinen Leitlinien enthält, die zu Beginn des Zyklus von der Kommission und vom Europäischen Rat für die Mitgliedstaaten herausgegeben werden, im Einklang stehen. Die Haushaltspolitik der Mitgliedstaaten sollte mit den Empfehlungen im Zusammenhang mit dem Stabilitäts- und Wachstumspakt und gegebenenfalls mit den Empfehlungen im Zusammenhang mit dem jährlichen Überwachungszyklus, darunter auch dem Verfahren bei makroökonomischen Ungleichgewichten gemäß der Verordnung (EU) Nr. 1176/2011, und mit den Stellungnahmen zu den von dieser Verordnung eingerichteten Wirtschaftspartnerschaftsprogrammen, im Einklang stehen.

[1] ABl. L 306 vom 23.11.2011, S. 25.

(13) Im ersten Schritt dieses gemeinsamen Haushaltszeitplans sollten die Mitgliedstaaten ihre nationale mittelfristige Finanzplanung gleichzeitig mit ihren Stabilitätsprogrammen veröffentlichen, und zwar vorzugsweise bis zum 15. April, spätestens jedoch am 30. April. Diese Finanzplanung sollte Angaben darüber enthalten, wie die festgelegten Reformen und Maßnahmen voraussichtlich dazu beitragen werden, die im Rahmen der Strategie der Union für Wachstum und Beschäftigung gesetzten Ziele und nationalen Verpflichtungen zu erreichen. Die nationale mittelfristige Finanzplanung und das Stabilitätsprogramm können in ein und demselben Dokument enthalten sein.

(14) Ein wichtiger Meilenstein in diesem gemeinsamen Haushaltszeitplan sollte die Veröffentlichung des Entwurfs des Haushaltes des Zentralstaats bis zum 15. Oktober sein. Da die Einhaltung der Bestimmungen des Stabilitäts- und Wachstumspakts auf Ebene des Sektors Staat sicherzustellen ist und die Erreichung der Haushaltsziele eine kohärente Budgetierung in sämtlichen Teilsektoren dieses Sektors erfordert, sollten gleichzeitig mit dem Entwurf des Haushaltes des Zentralstaats auch die wesentlichen Parameter der Haushaltsplanentwürfe aller anderen Teilsektoren des Sektors Staat veröffentlicht werden. Diese Parameter sollten insbesondere die erwarteten Haushaltsergebnisse der anderen Teilsektoren, die diesen Prognosen zugrundeliegenden Hauptannahmen und die Gründe für erwartete Veränderungen gegenüber den Annahmen der Stabilitätsprogramme einschließen.

(15) Der gemeinsame Haushaltszeitplan sieht ferner vor, dass die Verabschiedung oder Festlegung des Haushalts des Zentralstaats alljährlich zum 31. Dezember zusammen mit den aktualisierten wesentlichen Haushaltsparametern für die anderen Teilsektoren des Sektors Staat erfolgen sollte. Wird der Haushalt aus objektiven Gründen, die sich der Kontrolle der Regierung entziehen, nicht zum 31. Dezember verabschiedet, sollten Verfahren der vorläufigen Haushaltsführung greifen, damit die Regierung ihren wesentlichen Aufgaben weiterhin nachkommen kann. Solche Regelungen können die Umsetzung des Haushaltsentwurfs der Regierung, des genehmigten Haushalts des Vorjahres oder von bestimmten vom Parlament gebilligten Maßnahmen umfassen.

(16) Die Mitgliedstaaten sollten die Euro-Gruppe und die Kommission im Voraus über ihre Planung für die Emission von Schuldtiteln unterrichten, um ihre Schuldenaufnahme besser zu koordinieren.

(17) Die Einhaltung eines wirksamen regelbasierten haushaltspolitischen Rahmens kann ein wichtiger Faktor sein, um eine solide, nachhaltige Finanzpolitik zu unterstützen. In der Richtlinie 2011/85/EU des Rates vom 8. November 2011 über die Anforderungen an die haushaltspolitischen Rahmen der Mitgliedstaaten [1] wurde festgelegt, dass die Überwachung der Einhaltung der länderspezifischen numerischen Haushaltsregeln von unabhängigen Einrichtungen oder von Einrichtungen mit funktioneller Eigenständigkeit auf nationaler Ebene unterstützt werden sollte. Es sei darauf hingewiesen, dass es angesichts der Vielfalt der möglichen und bestehenden Regelungen zwar nicht die bevorzugte Option, aber möglich sein sollte, mehrere unabhängige Einrichtungen mit der Überwachung der Einhaltung der Regeln zu beauftragen, solange die Zuständigkeiten klar verteilt sind und keine Kompetenzüberschneidungen bei spezifischen Aspekten der Überwachung vorliegen. Von einer übermäßigen institutionellen Aufsplitterung der Überwachungsaufgaben sollte abgesehen werden. Damit die Überwachungseinrichtungen ihre Aufgaben wirksam erfüllen können, sollten sie auf nationalen Rechtsvorschriften fußen, mit denen ein hohes Maß an funktioneller Eigenständigkeit und Rechenschaftspflicht sichergestellt ist. In Bezug auf die Struktur dieser Überwachungseinrichtungen sollte dem Institutionengefüge und der Verwaltungsstruktur des jeweiligen Mitgliedstaats Rechnung getragen werden. Insbesondere sollte es möglich sein, eine geeignete Einheit einer bestehenden Einrichtung mit funktioneller Eigenständigkeit auszustatten, sofern diese Einheit für die Ausführung spezifischer Überwachungsaufgaben benannt wird, über eine eigene gesetzliche Grundlage verfügt und den anderen in diesem Erwägungsgrund genannten Grundsätzen genügt.

(18) Den Mitgliedstaaten werden mit dieser Verordnung keine zusätzlichen Anforderungen oder Verpflichtungen in Bezug auf länderspezifische numerische Haushaltsregeln auferlegt. Strenge, länderspezifische numerische Haushaltsregeln, die mit den Haushaltszielen auf Unionsebene im Einklang stehen und von unabhängigen Einrichtungen überwacht werden, sind ein Eckstein der verstärkten haushaltspolitischen Überwachung der Union. Die Regeln, die diese Einrichtungen befolgen sollten, sowie deren spezifische Aufgaben, sind in dieser Verordnung geregelt.

(19) Die Auswirkungen der Haushaltspolitik von Mitgliedstaaten, deren Währung der Euro ist, treffen die anderen Mitgliedstaaten des Euro-Währungsgebiets in verstärktem Maße. Mitgliedstaaten, deren Währung der Euro ist, sollten vor Verabschiedung wichtiger haushaltspolitischer Reformpläne mit möglichen Ansteckungseffekten, die Kommission und sich gegenseitig konsultieren, damit die etwaigen Folgen für das Euro-Währungsgebiet insgesamt bewertet werden können. Sie sollten außerdem ihre Haushaltsplanung als Angelegenheit von gemeinsamem Interesse betrachten und sie der Kommission zu Zwecken der Überwachung im Voraus, also vor ihrer Verabschiedung, vorlegen. Die Kommission sollte in Zusammenarbeit mit den Mitgliedstaaten Leitlinien in Form eines harmonisierten Rahmens für die Vorgaben zum Inhalt der Übersichten über die Haushaltsplanung vorschlagen.

(20) In den Ausnahmefällen, in denen die Kommission nach Anhörung des betroffenen Mitgliedstaats in der Übersicht über die Haushaltsplanung einen besonders schwerwiegenden Verstoß gegen die im Stabilitäts- und Wachstumspakt festgelegten haushaltspolitischen Verpflichtungen feststellt, sollte die Kommission in ihrer Stellungnahme zu der Übersicht über die Haushaltsplanung dazu auffordern, im Einklang mit dieser Verordnung eine überarbeitete Übersicht über die Haushaltsplanung

[1] ABl. L 306 vom 23.11.2011, S. 41.

vorzulegen. Dies wird insbesondere dann der Fall sein, wenn die Umsetzung der Übersicht über die Haushaltsplanung die Finanzstabilität des betroffenen Mitgliedstaats gefährden würde oder das ordnungsgemäße Funktionieren der Wirtschafts- und Währungsunion zu gefährden droht oder wenn die Umsetzung der Übersicht über die Haushaltsplanung eine offensichtliche erhebliche Missachtung der vom Rat im Rahmen des Stabilitäts- und Wachstumspakts erlassenen Empfehlungen mit sich bringen würde.

(21) Die Stellungnahme der Kommission zur Übersicht über die Haushaltsplanung sollte so rasch wie möglich und spätestens Ende November abgegeben werden und dabei so weit wie möglich dem jeweiligen nationalen Zeitplan für die Haushaltsberatungen und den parlamentarischen Verfahren Rechnung tragen, damit haushaltspolitische Leitlinien der Union angemessen in die Ausarbeitung der nationalen Haushaltspläne einfließen können. Insbesondere sollte in der Stellungnahme bewertet werden, ob bei der Haushaltsplanung die im Rahmen des Europäischen Semesters im Haushaltsbereich gegebenen Empfehlungen angemessen berücksichtigt werden. Auf Antrag des Parlaments des betroffenen Mitgliedstaates oder des Europäischen Parlaments sollte die Kommission bereit sein, dem antragstellenden Parlament ihre Stellungnahme vorzustellen, nachdem sie veröffentlicht worden ist. Die Mitgliedstaaten sind aufgefordert, die Stellungnahme der Kommission zur Übersicht über die Haushaltsplanung im Rahmen des Verfahrens zur Verabschiedung des Haushaltsgesetzes zu berücksichtigen.

(22) In welchem Maße die Stellungnahme in den Haushaltsgesetzen des Mitgliedstaats berücksichtigt wurde, sollte in die Bewertung einfließen, ob bzw. wann die Voraussetzungen für einen Beschluss über das Vorliegen eines übermäßigen Defizits in dem betroffenen Mitgliedstaat gegeben sind. In einem derartigen Fall sollte die Nichtberücksichtigung der von der Kommission in einem frühen Stadium gegebenen Ratschläge als erschwerender Umstand gelten.

(23) Ferner sollte die Euro-Gruppe die Haushaltslage und die Haushaltsaussichten für das gesamte Euro-Währungsgebiet auf der Grundlage einer Gesamtbewertung der Übersichten über die Haushaltsplanung durch die Kommission erörtern.

(24) Mitgliedstaaten, deren Währung der Euro ist und die Gegenstand eines Defizitverfahrens sind, sollten genauer überwacht werden, um für eine vollständige, dauerhafte und rechtzeitige Korrektur des übermäßigen Defizits zu sorgen. Durch eine genauere Überwachung anhand von zusätzlichen Berichtspflichten sollte sichergestellt werden, dass etwaige Abweichungen von den Empfehlungen des Rates für die Korrektur des übermäßigen Defizits abgewendet und frühzeitig korrigiert werden. Eine solche Überwachung sollte die Bestimmungen der Verordnung (EG) Nr. 1467/97 ergänzen. Diese zusätzlichen Berichtspflichten sollten verhältnismäßig zum Verfahrensstadium sein, in dem sich ein Mitgliedstaat nach Artikel 126 AEUV befindet. In einem ersten Schritt sollte der betroffene Mitgliedstaat eine umfassende Bewertung des Haushaltsvollzugs für den Sektor Staat und die Teilsektoren des Sektors Staats im laufenden Kalenderjahr durchführen und dabei insbesondere den finanziellen Risiken in Verbindung mit Eventualverbindlichkeiten, die sich erheblich auf die öffentlichen Finanzen auswirken können, Rechnung tragen.

(25) Die zusätzlichen Berichtspflichten der Mitgliedstaaten, deren Währung der Euro ist und die Gegenstand eines Defizitverfahrens sind, sollten einen besseren Informationsaustausch zwischen den betroffenen Mitgliedstaaten und der Kommission und demgemäß die Erkennung von Risiken für die Einhaltung der vom Rat gesetzten Frist für die Korrektur des übermäßigen Defizits durch den jeweiligen Mitgliedstaat ermöglichen. Werden solche Risiken festgestellt, sollte die Kommission eine Empfehlung an den betroffenen Mitgliedstaat aussprechen, die angemessene Maßnahmen darlegt, die innerhalb einer bestimmten Frist zu ergreifen sind. Auf dessen Antrag hin sollte die Kommission dem Parlament des betroffenen Mitgliedstaats ihre Empfehlung vorstellen. Die Einhaltung der Empfehlung sollte eine unverzügliche Korrektur jeglicher Entwicklungen bewirken, durch die die Korrektur des übermäßigen Defizits innerhalb der gesetzten Frist gefährdet ist.

(26) Ob der Empfehlung der Kommission Folge geleistet wird, sollte in die laufende Bewertung der Kommission von wirksamen Maßnahmen zur Korrektur eines übermäßigen Defizits einfließen. Bei der Feststellung, ob wirksame Maßnahmen zur Korrektur des übermäßigen Defizits getroffen worden sind, sollte der Rat auch berücksichtigen, ob der Mitgliedstaat der Empfehlung der Kommission Folge geleistet hat, und dabei Artikel 3 Absatz 5 und Artikel 5 Absatz 2 der Verordnung (EG) Nr. 1467/97 gebührend Rechnung tragen.

(27) Die Verordnung (EG) Nr. 1467/97, die Einzelheiten über das Verfahren bei einem übermäßigen Defizit gemäß Artikel 126 AEUV festlegt, bietet durchaus Flexibilitätselemente, mit denen unerwarteten nachteiligen wirtschaftlichen Ereignissen Rechnung getragen werden kann. Artikel 3 Absatz 5 bzw. Artikel 5 Absatz 2 der genannten Verordnung sehen vor, dass, wenn in Befolgung einer Empfehlung nach Artikel 126 Absatz 7 AEUV oder eines Beschlusses über die Inverzugsetzung nach Artikel 126 Absatz 9 AEUV wirksame Maßnahmen ergriffen wurden und nach der Annahme der Empfehlung oder des Beschlusses über die Inverzugsetzung unerwartete nachteilige wirtschaftliche Ereignisse mit sehr ungünstigen Auswirkungen auf die öffentlichen Finanzen eintreten, der Rat auf Empfehlung der Kommission eine geänderte Empfehlung nach Artikel 126 Absatz 7 AEUV oder einen geänderten Beschluss über die Inverzugsetzung nach Artikel 126 Absatz 9 AEUV aussprechen kann. In der geänderten Empfehlung oder dem geänderten Beschluss über die Inverzugsetzung kann unter Berücksichtigung der in Artikel 2 Absatz 3 der Verordnung (EG) Nr. 1467/97 genannten einschlägigen Faktoren insbesondere die Frist für die Korrektur des übermäßigen Defizits um in der Regel ein Jahr verlängert werden.

Der Rat sollte unter Zugrundelegung der in seiner ursprünglichen Empfehlung oder seinem ursprünglichen Beschluss über die Inverzugsetzung enthaltenen Wirtschaftsprognose beurteilen, ob unerwartete nachteilige wirtschaftliche Ereignisse mit sehr ungünstigen Auswirkungen auf die öffentlichen Finanzen vorliegen. Bei einem schweren Konjunkturabschwung im Euro-Währungsgebiet oder in der Union insgesamt kann der Rat auf Empfehlung der Kommission ferner beschließen, eine geänderte Empfehlung nach Artikel 126 Absatz 7 AEUV oder einen geänderten Beschluss über die Inverzugsetzung nach Artikel 126 Absatz 9 AEUV auszusprechen, vorausgesetzt, dies gefährdet die mittelfristige Tragfähigkeit der öffentlichen Finanzen nicht. Überdies sieht Artikel 2 Absatz 1a der Verordnung (EG) Nr. 1467/97 vor, dass bei der Umsetzung des Schuldenquotenanpassungsrichtwerts der Einfluss der Konjunktur auf das Tempo des Schuldenquotenabbaus berücksichtigt werden sollte. Demnach würde das Schuldenstandskriterium nach Artikel 126 Absatz 2 Buchstabe b AEUV nicht als durch einen Mitgliedstaat verletzt gelten, wenn die Verletzung nur auf negative konjunkturelle Umstände zurückzuführen ist.

(28) Da haushaltspolitische Maßnahmen möglicherweise nicht ausreichen, um eine dauerhafte Korrektur des übermäßigen Defizits zu bewirken, sollten Mitgliedstaaten, deren Währung der Euro ist und die Gegenstand eines Defizitverfahrens sind, ein Wirtschaftspartnerschaftsprogramm vorlegen, in dem die politischen Maßnahmen und die Strukturreformen im Einzelnen aufgeführt sind, die für eine effektive und dauerhafte Korrektur des übermäßigen Defizits erforderlich sind, und das auf der jüngsten Aktualisierung ihres jeweiligen nationalen Reformprogramms und ihres jeweiligen Stabilitätsprogramms aufbaut.

(29) Außerdem hat sich aus der Stärkung der wirtschaftspolitischen Steuerung ein engerer Dialog mit dem Europäischen Parlament ergeben. Zwar wird festgestellt, dass die Verhandlungspartner des Europäischen Parlaments im Rahmen des Dialogs die einschlägigen Organe der Union und ihre Vertreter sind, doch kann der zuständige Ausschuss des Europäischen Parlaments einem Mitgliedstaat, an den die Kommission eine Empfehlung bzw. der Rat eine Stellungnahme, jeweils im Einklang mit dieser Verordnung, gerichtet hat, die Gelegenheit bieten, an einem Meinungsaustausch teilzunehmen. Die Teilnahme des Mitgliedstaats an einem solchen Meinungsaustausch ist freiwillig.

(30) Um den Umfang der Berichtspflichten der Mitgliedstaaten, die Gegenstand eines Defizitverfahrens sind, festzulegen, sollte der Kommission die Befugnis übertragen werden, gemäß Artikel 290 AEUV Rechtsakte hinsichtlich des Inhalts und des Umfangs der diesbezüglichen Berichte zu erlassen. Es ist von besonderer Bedeutung, dass die Kommission im Zuge ihrer Vorbereitungsarbeit angemessene Konsultationen, auch auf der Ebene von Sachverständigen, durchführt. Bei der Vorbereitung und Ausarbeitung delegierter Rechtsakte sollte die Kommission gewährleisten, dass die einschlägigen Dokumente dem Europäischen Parlament und dem Rat gleichzeitig, rechtzeitig und auf angemessene Weise übermittelt werden.

(31) Die Befugnis zur Abgabe von Stellungnahmen zu den Wirtschaftspartnerschaftsprogrammen gemäß dieser Verordnung sollte dem Rat übertragen werden. Diese Stellungnahmen sind Ergänzungen zum Verfahren bei einem übermäßigen Defizit gemäß Artikel 126 AEUV, nach dem der Rat beschließt, ob ein übermäßiges Defizit besteht und welche Maßnahmen zu dessen Beseitigung zu treffen sind.

(32) Am 29. Juni 2012 haben die Staats- und Regierungschefs der Mitgliedstaaten unter Verweis auf die Bedeutung solider öffentlicher Finanzen, struktureller Reformen und gezielter Investitionen für nachhaltiges Wachstum einen Pakt für Wachstum und Beschäftigung unterzeichnet und dadurch ihre Entschlossenheit zum Ausdruck gebracht, Anreize für ein beschäftigungsförderndes Wachstum zu schaffen und gleichzeitig für solide öffentliche Finanzen einzutreten. In diesem Pakt sind insbesondere Maßnahmen vorgesehen, die den Zugang der Wirtschaft zu Finanzmitteln verbessern. Mittel in Höhe von 120 Mrd. EUR (was etwa 1 % des Bruttonationaleinkommen der Union entspricht) werden zur Unterstützung schnell wirkender Wachstumsmaßnahmen mobilisiert. Im Einklang mit den Empfehlungen in den Jahreswachstumsberichten 2012 und 2013 sollten sich die Mitgliedstaaten darum bemühen, ein angemessenes Haushaltskonsolidierungstempo beizubehalten und gleichzeitig die Investitionen aufrechtzuerhalten, mit denen die Wachstums- und Beschäftigungsziele der Europa-2020-Strategie erreicht werden sollen.

(33) Die Kommission überwacht, wie sich starke Haushaltszwänge auf wachstumsfördernde öffentliche Ausgaben und auf öffentliche Investitionen auswirken. Der haushaltspolitische Rahmen der Union bietet Möglichkeiten, den Bedarf an produktiven öffentlichen Investitionen mit den Zielen der Haushaltsdisziplin in Einklang zu bringen: Die Möglichkeiten, die der bestehende haushaltspolitische Rahmen der Union bietet, um den Bedarf an produktiven öffentlichen Investitionen mit den Zielen der Haushaltsdisziplin in Einklang zu bringen, können unter umfassender Wahrung des Stabilitäts- und Wachstumspakts im Rahmen der präventiven Komponente des Stabilitäts- und Wachstumspakts in vollem Umfang genutzt werden. Die Kommission hat die Absicht bekundet, darüber zu berichten, welcher Spielraum innerhalb der Grenzen des bestehenden Haushaltsrahmens der Union für etwaige Maßnahmen besteht.

(34) Die Entschließung des Europäischen Parlaments vom 20. November 2012 mit Empfehlungen an die Kommission zum Bericht der Präsidenten des Europäischen Rates, der Europäischen Kommission, der Europäischen Zentralbank und der Euro-Gruppe "Auf dem Weg zu einer echten Wirtschafts- und Währungsunion" und die Mitteilung der Kommission vom 28. November 2012 "Ein Konzept für eine vertiefte und echte Wirtschafts- und Währungsunion" legen die jeweiligen Standpunkte des Europäischen Parlaments und der Kommission zu den erforderlichen Schritten zu einer tieferen und besser integrierten Wirtschafts- und Währungsunion dar. Im Anschluss an den Bericht "Auf dem Weg zu einer echten Wirtschafts- und Währungsunion" legte der Europäische Rat in seinen Schlussfolgerungen vom Dezember 2012 seine Auffassung zu einer Reihe von Fragen in Bezug auf eine weitere Stärkung der Wirtschafts- und Währungsunion dar —

HABEN FOLGENDE VERORDNUNG ERLASSEN:

KAPITEL I

ALLGEMEINE BESTIMMUNGEN

Artikel 1

Gegenstand und Anwendungsbereich

(1) Diese Verordnung enthält Bestimmungen, mit denen die Haushaltspolitik der Mitgliedstaaten im Euro-Währungsgebiet verstärkt überwacht und sichergestellt werden soll, dass die nationalen Haushaltspläne mit den wirtschaftspolitischen Leitlinien vereinbar sind, die im Rahmen des Stabilitäts- und Wachstumspakts und des Europäischen Semesters für die wirtschaftspolitische Koordinierung veröffentlicht wurden, und zwar durch

a) Ergänzung des in Artikel 2-a der Verordnung (EG) Nr. 1466/97 festgelegten Europäischen Semesters um einen gemeinsamen Haushaltszeitplan;

b) Ergänzung des Verfahrens für die Vermeidung und Korrektur übermäßiger makroökonomischer Ungleichgewichte gemäß der Verordnung (EU) Nr. 1176/2011;

c) Ergänzung des in der Verordnung (EG) Nr. 1466/97 festgelegten Systems der multilateralen haushaltspolitischen Überwachung um zusätzliche Überwachungsauflagen, um zu gewährleisten, dass haushaltspolitische Empfehlungen der Union in geeigneter Weise in die Ausarbeitung der nationalen Haushaltspläne einfließen;

d) Ergänzung des mit Artikel 126 AEUV und Verordnung (EG) Nr. 1467/97 eingeführten Verfahrens zur Korrektur des übermäßigen Defizits eines Mitgliedstaats um eine genauere Überwachung der Haushaltspolitik der Mitgliedstaaten, die Gegenstand eines Defizitverfahrens sind, um eine rechtzeitige und dauerhafte Korrektur eines übermäßigen Defizits zu gewährleisten;

e) Sicherstellung der Vereinbarkeit der Haushaltspolitik, der haushaltspolitischen Maßnahmen und der Reformen, die im Rahmen des Verfahrens für die Vermeidung und Korrektur übermäßiger makroökonomischer Ungleichgewichte gemäß der Verordnung (EU) Nr. 1176/2011 sowie gegebenenfalls im Rahmen von in Artikel 9 genannten Wirtschaftspartnerschaftsprogrammen ergriffen wurden.

(2) Bei der Anwendung dieser Verordnung wird Artikel 152 AEUV uneingeschränkt eingehalten, und bei den im Rahmen dieser Verordnung ausgesprochenen Empfehlungen werden die nationalen Gepflogenheiten und Einrichtungen für die Lohnbildung beachtet. Im Einklang mit Artikel 28 der Charta der Grundrechte der Europäischen Union lässt diese Verordnung das Recht, gemäß den nationalen Rechtsvorschriften und Gepflogenheiten Tarifverträge auszuhandeln, abzuschließen oder durchzusetzen oder kollektive Maßnahmen zu ergreifen, unberührt.

(3) Diese Verordnung gilt für die Mitgliedstaaten, deren Währung der Euro ist.

Artikel 2

Begriffsbestimmungen

(1) Für die Zwecke dieser Verordnung gelten folgende Begriffsbestimmungen:

a) "unabhängige Einrichtungen" bezeichnet strukturell unabhängige Einrichtungen oder Einrichtungen, deren funktionelle Eigenständigkeit gegenüber den Haushaltsbehörden des Mitgliedstaats gegeben ist, und denen nationale Rechtsvorschriften zugrunde liegen, mit denen ein hohes Maß an funktioneller Eigenständigkeit und Rechenschaftspflicht sichergestellt ist, darunter

   i) eine Satzung, die auf nationalen Rechts- oder verbindlichen Verwaltungsvorschriften beruht;

   ii) keine Entgegennahme von Weisungen von den Haushaltsbehörden der betroffenen Mitgliedstaaten oder anderen öffentlichen oder privaten Einrichtungen;

   iii) die Befugnis, öffentlich und zeitnah zu kommunizieren;

   iv) Verfahren zur Ernennung von Mitgliedern auf der Grundlage ihrer Erfahrung und Sachkenntnis;

   v) angemessene Ressourcen und ein zur Erfüllung ihres Auftrags angemessener Zugang zu Informationen;

b) "unabhängige makroökonomische Prognosen" bezeichnet makroökonomische Prognosen oder Haushaltsprognosen, die von unabhängigen Einrichtungen erstellt oder befürwortet worden sind;

c) "mittelfristiger Haushaltsrahmen" bezeichnet den in Artikel 2 Buchstabe e der Richtlinie 2011/85/EU beschriebenen mittelfristigen Haushaltsrahmen;

d) "Stabilitätsprogramm" bezeichnet das in Artikel 3 der Verordnung (EG) Nr. 1466/97 beschriebene Stabilitätsprogramm.

Um die Kohärenz der einzelnen in Unterabsatz 1 Buchstabe b genannten unabhängigen makroökonomischen Prognosen sicherzustellen, führen die Mitgliedstaaten und die Kommission mindestens einmal pro Jahr im Einklang mit Artikel 4 Absatz 5 der Richtlinie 2011/85/EU einen technischen Dialog über die Annahmen, die der Erstellung der makroökonomischen Prognosen und Haushaltsprognosen zugrunde liegen.

(2) Ferner finden auch die Begriffsbestimmungen für den Sektor Staat und die Teilsektoren des Sektors Staats in Abschnitt 2.70 des Anhangs A der Verordnung (EG) Nr. 2223/96 vom 25. Juni 1996 zum Europäischen System Volkswirtschaftlicher Gesamtrechnungen auf nationaler und regionaler Ebene in der Europäischen Gemeinschaft [1] auf diese Verordnung Anwendung.

(3) Die Anwendung dieser Verordnung lässt Artikel 9 AEUV unberührt.

KAPITEL II

WIRTSCHAFTSPOLITISCHE KOORDINIERUNG

Artikel 3

Kohärenz mit dem Rahmen zur Koordinierung der Wirtschaftspolitik

Das Haushaltsverfahren der Mitgliedstaaten ist vereinbar:

1. mit dem Rahmen für die wirtschaftspolitische Koordinierung im Zusammenhang mit dem jährlichen Überwachungszyklus, der insbesondere die allgemeinen Leitlinien umfasst, die zu Beginn des Zyklus von der Kommission und vom Europäischen Rat für die Mitgliedstaaten aufgestellt werden,

2. mit den im Rahmen des Stabilitäts- und Wachstumspakts ergangenen Empfehlungen,

3. falls vorhanden, mit den Empfehlungen im Zusammenhang mit dem jährlichen Überwachungszyklus, darunter dem Verfahren bei übermäßigen makroökonomischen Ungleichgewichten gemäß der Verordnung (EU) Nr. 1176/2011 und

4. falls vorhanden, mit den Stellungnahmen zu den in Artikel 9 genannten Wirtschaftspartnerschaftsprogrammen.

KAPITEL III

GEMEINSAME HAUSHALTSBESTIMMUNGEN

Artikel 4

Gemeinsamer Haushaltszeitplan

(1) Die Mitgliedstaaten veröffentlichen im Rahmen des Europäischen Semesters vorzugsweise bis 15. April und spätestens am 30. April eines jeden Jahres ihre nationale mittelfristige Finanzplanung, die im Einklang mit ihrem mittelfristigen Haushaltsrahmen steht. Diese Planung umfasst mindestens sämtliche in ihren Stabilitätsprogrammen anzugebenden Informationen und wird zusammen mit den nationalen Reformprogrammen und den Stabilitätsprogrammen vorgelegt. Sie ist mit dem Rahmen für die wirtschaftspolitische Koordinierung im Zusammenhang mit dem jährlichen Überwachungszyklus vereinbar, der insbesondere die allgemeinen Leitlinien umfasst, die zu Beginn des Zyklus von der Kommission und vom Europäischen Rat für die Mitgliedstaaten aufgestellt werden. Sie steht auch mit den im Rahmen des Stabilitäts- und Wachstumspakt abgegebenen Empfehlungen und, falls vorhanden, mit den im Rahmen des jährlichen Überwachungszyklus abgegebenen Empfehlungen im Einklang, darunter dem Verfahren bei übermäßigen makroökonomischen Ungleichgewichten gemäß der Verordnung (EU) Nr. 1176/2011 und den Stellungnahmen zu den in Artikel 9 genannten Wirtschaftspartnerschaftsprogrammen.

Die nationale mittelfristige Finanzplanung und die nationalen Reformprogramme enthalten Anhaltspunkte dafür, wie die dargelegten Reformen und Maßnahmen voraussichtlich dazu beitragen werden, die im Rahmen der Strategie der Union für Wachstum und Beschäftigung gesetzten Ziele und nationalen Verpflichtungen zu erreichen. Darüber hinaus enthalten die mittelfristige Finanzplanung oder die nationalen Reformprogramme Anhaltspunkte für den voraussichtlichen wirtschaftlichen Ertrag von öffentlichen Investitionsvorhaben außerhalb des Verteidigungsbereichs, die sich erheblich auf den Haushalt auswirken. Die nationale mittelfristige Finanzplanung und das Stabilitätsprogramm können in ein und demselben Dokument enthalten sein.

(2) Der Haushaltsplanentwurf für das Folgejahr für den Zentralstaat und die wesentlichen Parameter der Haushaltsplanentwürfe für alle anderen Teilsektoren des Sektors Staat werden alljährlich spätestens am 15. Oktober veröffentlicht.

(3) Der Haushalt für den Zentralstaat wird alljährlich spätestens am 31. Dezember verabschiedet oder festgelegt und zusammen mit den aktualisierten wesentlichen Haushaltsparametern für die anderen Teilsektoren des Sektors Staat veröffentlicht. In den Mitgliedstaaten greift die vorläufige Haushaltsführung, wenn der Haushalt aus objektiven Gründen, die sich der Kontrolle der Regierung entziehen, bis zum 31. Dezember nicht verabschiedet oder festgelegt und veröffentlicht werden kann.

[1] ABl. L 310 vom 30.11.1996, S. 1.

(4) Die nationale mittelfristige Finanzplanung und die Haushaltsplanentwürfe nach den Absätzen 1 und 2 beruhen auf unabhängigen makroökonomischen Prognosen, wobei anzugeben ist, ob die Haushaltsprognosen von einer unabhängigen Einrichtung erstellt oder unterstützt worden sind. Die Prognosen werden zusammen mit der nationalen mittelfristigen Finanzplanung und den Haushaltsplanentwürfen, die auf den Prognosen beruhen, veröffentlicht.

Artikel 5

Unabhängige Einrichtungen zur Überwachung der Einhaltung der Haushaltsregeln

(1) Die Mitgliedstaaten verfügen über unabhängige Einrichtungen zur Überwachung der Einhaltung

a) der numerischen Haushaltsregeln, mit denen ihr mittelfristiges Haushaltsziel nach Artikel 2a der Verordnung (EG) Nr. 1466/97 in die nationalen Haushaltsverfahren einbezogen wird;

b) der in Artikel 5 der Richtlinie 2011/85/EU genannten numerischen Haushaltsregeln.

(2) Diese Einrichtungen nehmen gegebenenfalls öffentliche Bewertungen in Bezug auf nationale Haushaltsregeln vor, die sich unter anderem auf Folgendes beziehen:

a) das Vorliegen von Umständen, die zur Auslösung des Korrekturmechanismus führen, wenn erhebliche Abweichungen vom mittelfristigen Haushaltsziel oder vom entsprechenden Anpassungspfad im Einklang mit Artikel 6 Absatz 2 der Verordnung (EG) Nr. 1466/97 festgestellt werden;

b) ob die Haushaltskorrektur im Einklang mit nationalen Regeln und Plänen fortschreitet;

c) jegliches Vorliegen und Entfallen von Umständen im Sinne von Artikel 5 Absatz 1 Unterabsatz 10 der Verordnung (EG) Nr. 1466/97, die eine vorübergehende Abweichung vom mittelfristigen Haushaltsziel oder vom entsprechenden Anpassungspfad in Richtung auf das mittelfristige Haushaltsziel gestatten, vorausgesetzt, eine solche Abweichung gefährdet nicht die mittelfristige Tragfähigkeit der öffentlichen Finanzen.

KAPITEL IV

ÜBERWACHUNG UND BEWERTUNG DER ÜBERSICHTEN ÜBER DIE HAUSHALTSPLANUNG DER MITGLIEDSTAATEN

Artikel 6

Überwachungsauflagen

(1) Die Mitgliedstaaten legen der Kommission und der Euro-Gruppe alljährlich bis zum 15. Oktober eine Übersicht über die Haushaltsplanung für das Folgejahr vor. Diese Übersicht über die Haushaltsplanung steht im Einklang mit den Empfehlungen im Zusammenhang mit dem Stabilitäts- und Wachstumspakt und gegebenenfalls mit den Empfehlungen im Zusammenhang mit dem jährlichen Überwachungszyklus, darunter auch dem Verfahren bei makroökonomischen Ungleichgewichten gemäß der Verordnung (EU) Nr. 1176/2011 und mit Stellungnahmen zum in Artikel 9 genannten Wirtschaftspartnerschaftsprogramm.

(2) Sobald die in Absatz 1 genannten Übersichten über die Haushaltsplanung der Kommission übermittelt wurden, werden sie veröffentlicht.

(3) Die Übersicht über die Haushaltsplanung enthält folgende Angaben für das Folgejahr:

a) angestrebter Haushaltssaldo für den Sektor Staat als Prozentsatz des Bruttoinlandprodukts (BIP), aufgegliedert nach Teilsektoren des Sektors Staat;

b) Projektionen bei unveränderter Politik für Ausgaben und Einnahmen als Prozentsatz des BIP für den Sektor Staat und ihre wichtigsten Komponenten, einschließlich Bruttoanlageinvestitionen;

c) Ausgabenziele und Einnahmenziele als Prozentsatz des BIP für den Sektor Staat und ihre wichtigsten Komponenten, unter Berücksichtigung der Voraussetzungen und Kriterien für die Feststellung des Wachstums der Staatsausgaben ohne Anrechnung einnahmenseitiger diskretionärer Maßnahmen nach Artikel 5 Absatz 1 der Verordnung (EG) Nr. 1466/97;

d) relevante Informationen über die gesamtstaatlichen Ausgaben, aufgeschlüsselt nach Bereichen wie Bildung, Gesundheit und Beschäftigung sowie, soweit möglich, Angaben zur Verteilungswirkung der wichtigsten ausgaben- und einnahmenseitigen Maßnahmen;

e) Beschreibung und Quantifizierung der ausgaben- und einnahmenseitigen Maßnahmen, die auf Ebene jedes Teilsektors in den Haushaltsentwurf für das Folgejahr aufzunehmen sind, um die Lücke zwischen dem Ausgaben- und Einnahmenziel nach Buchstabe c einerseits und den Projektionen bei unveränderter Politik nach Buchstabe b andererseits zu schließen;

f) die wesentlichen Annahmen der unabhängigen makroökonomischen Prognosen und zu wichtigen ökonomischen Entwicklungen, die für das Erreichen der Haushaltsziele von Belang sind;

g) einen Anhang, der die Methoden, die ökonomischen Modelle und Annahmen sowie alle anderen relevanten Parameter, die den Haushaltsprognosen zugrunde liegen, sowie die voraussichtlichen Auswirkungen sämtlicher Haushaltsmaßnahmen auf das Wirtschaftswachstum enthält;

h) Angaben dazu, in welcher Weise die in der Übersicht über die Haushaltsplanung aufgeführten Reformen und Maßnahmen, insbesondere öffentliche Investitionen, den nach Artikel 121 und Artikel 148 AEUV an den betroffenen Mitgliedstaat gerichteten geltenden Empfehlungen gerecht werden und zur Verwirklichung der Ziele der Strategie der Union für Wachstum und Beschäftigung beitragen.

Für Maßnahmen mit einer geschätzten Auswirkung auf den Haushalt von weniger als 0,1 % des BIP darf die Beschreibung nach Unterabsatz 1 Buchstabe e weniger ausführlich sein. Besondere und ausdrückliche Aufmerksamkeit gilt dabei wichtigen haushaltspolitischen Reformplänen, die sich auf andere Mitgliedstaaten, deren Währung der Euro ist, auswirken könnten.

(4) Weichen die in der Übersicht über die Haushaltsplanung nach Absatz 3 angegebenen Haushaltsziele oder die Projektionen bei unveränderter Politik von den entsprechenden Werten im jüngsten Stabilitätsprogramm ab, werden die Abweichungen ordnungsgemäß erklärt.

(5) Die Kommission erstellt in Zusammenarbeit mit den Mitgliedstaaten einen harmonisierten Rahmen für die Vorgaben bezüglich des Inhalts der Übersicht über die Haushaltsplanung.

Artikel 7

Bewertung der Übersicht über die Haushaltsplanung

(1) Die Kommission gibt so bald wie möglich, und spätestens zum 30. November, eine Stellungnahme zu der Übersicht über die Haushaltsplanung ab.

(2) In Ausnahmefällen, in denen die Kommission nach Anhörung des betroffenen Mitgliedstaats binnen einer Woche nach Übermittlung der Übersicht über die Haushaltsplanung einen besonders schwerwiegenden Verstoß gegen die im Stabilitäts- und Wachstumspakt festgelegten haushaltspolitischen Verpflichtungen feststellt, gilt ungeachtet von Absatz 1, dass die Kommission ihre Stellungnahme innerhalb von zwei Wochen nach Übermittlung der Übersicht über die Haushaltsplanung abgibt. In ihrer Stellungnahme fordert die Kommission den betroffenen Mitgliedstaat auf, so bald wie möglich, spätestens jedoch innerhalb von drei Wochen nach Abgabe ihrer Stellungnahme, eine überarbeitete Übersicht über die Haushaltsplanung vorzulegen. Die Aufforderung der Kommission wird begründet und veröffentlicht.

Artikel 6 Absätze 2, 3 und 4 gelten für überarbeitete Übersichten über die Haushaltsplanung, die gemäß Unterabsatz 1 dieses Absatzes übermittelt werden.

Die Kommission gibt zur überarbeiteten Übersicht über die Haushaltsplanung so bald wie möglich, spätestens jedoch innerhalb von drei Wochen nach Übermittlung der überarbeiteten Übersicht über die Haushaltsplanung, eine neue Stellungnahme ab.

(3) Die Stellungnahme der Kommission wird veröffentlicht und der Euro-Gruppe vorgestellt. Anschließend stellt die Kommission auf Antrag des Parlaments des betroffenen Mitgliedstaats oder des Europäischen Parlaments ihre Stellungnahme dem antragstellenden Parlament vor.

(4) Die Kommission nimmt eine Gesamtbewertung der Haushaltslage und der Haushaltsaussichten im Euro-Währungsgebiet insgesamt vor; sie stützt sich dabei auf die nationalen Haushaltsaussichten und deren Zusammenspiel im Währungsgebiet, wobei sie die jüngsten ökonomischen Prognosen der Dienststellen der Kommission zugrunde legt.

Die Gesamtbewertung umfasst Sensitivitätsanalysen, in denen auf die Risiken für die Tragfähigkeit der öffentlichen Finanzen im Falle ungünstiger Wirtschafts-, Finanz- und Haushaltsentwicklungen hingewiesen wird. Außerdem zeigt sie gegebenenfalls Maßnahmen auf, die auf eine stärkere Koordinierung der Haushaltspolitik und der makroökonomischen Strategie auf der Ebene des Euro-Währungsraums ausgerichtet sind.

Die Gesamtbewertung wird veröffentlicht und in den allgemeinen Leitlinien berücksichtigt, die alljährlich von der Kommission für die Mitgliedstaaten aufgestellt werden.

Die Methoden (einschließlich Modelle) und Annahmen der jüngsten ökonomischen Prognosen der Dienststellen der Kommission für jeden Mitgliedstaat, darunter auch die voraussichtlichen Auswirkungen sämtlicher Haushaltsmaßnahmen auf das Wirtschaftswachstum, werden der Gesamtbewertung beigefügt.

(5) Die Euro-Gruppe erörtert Stellungnahmen der Kommission zu den Übersichten über die Haushaltsplanung sowie die Haushaltslage und die Haushaltaussichten im Euro-Währungsgebiet insgesamt auf der Grundlage der Gesamtbewertung der Kommission nach Absatz 4. Die Ergebnisse dieser Beratungen der Euro-Gruppe werden gegebenenfalls veröffentlicht.

Artikel 8

Unterrichtung über die Emission von Schuldtiteln

(1) Die Mitgliedstaaten unterrichten die Kommission und die Euro-Gruppe im Voraus und rechtzeitig über ihre Pläne bezüglich der Emission von Schuldtiteln.

(2) Die harmonisierte Ausgestaltung und der Inhalt der Unterrichtung nach Absatz 1 werden von der Kommission in Zusammenarbeit mit den Mitgliedstaaten festgelegt.

KAPITEL V

GEWÄHRLEISTUNG DER KORREKTUR ÜBERMÄẞIGER DEFIZITE

Artikel 9

Wirtschaftspartnerschaftsprogramme

(1) Beschließt der Rat nach Artikel 126 Absatz 6 AEUV, dass in einem Mitgliedstaat ein übermäßiges Defizit besteht, legt der betroffene Mitgliedstaat der Kommission und dem Rat ein Wirtschaftspartnerschaftsprogramm vor, in dem, als Weiterentwicklung seines nationalen Reformprogramms und seines Stabilitätsprogramms, die politischen Maßnahmen und strukturellen Reformen dargelegt werden, die erforderlich sind, um eine wirkliche und dauerhafte Korrektur des übermäßigen Defizits sicherzustellen, und das den Empfehlungen des Rates über die Umsetzung der integrierten Leitlinien für die Wirtschafts- und Beschäftigungspolitik des betroffenen Mitgliedstaates umfassend Rechnung trägt.

(2) Im Rahmen des Wirtschaftspartnerschaftsprogramms werden eine Reihe spezifischer Prioritäten ermittelt und ausgewählt, die darauf ausgerichtet sind, die Wettbewerbsfähigkeit zu stärken, ein dauerhaft nachhaltiges Wachstum zu fördern und strukturelle Schwächen des betroffenen Mitgliedstaats in Angriff zu nehmen. Diese Prioritäten stehen mit der Strategie der Union für Wachstum und Beschäftigung in Einklang. Falls angezeigt, werden potenzielle Finanzmittel identifiziert, wie etwa Kreditlinien der Europäischen Investitionsbank und sonstige in Frage kommende Finanzierungsinstrumente.

(3) Das Wirtschaftspartnerschaftsprogramm wird gleichzeitig mit dem Bericht gemäß Artikel 3 Absatz 4a der Verordnung (EG) Nr. 1467/97 vorgelegt.

(4) Der Rat gibt auf Vorschlag der Kommission eine Stellungnahme zu dem Wirtschaftspartnerschaftsprogramm ab.

(5) Ein in Artikel 8 Absatz 1 der Verordnung (EU) Nr. 1176/2011 genannter Korrekturmaßnahmenplan kann gegebenenfalls im Einklang mit Artikel 9 Absatz 4 der genannten Verordnung geändert werden, um das in diesem Artikel vorgesehene Wirtschaftspartnerschaftsprogramm zu ersetzen. Falls ein derartiger Korrekturmaßnahmenplan nach Verabschiedung eines Wirtschaftspartnerschaftsprogramms vorgelegt wird, so können die im Wirtschaftspartnerschaftsprogramm vorgesehenen Maßnahmen gegebenenfalls in den Korrekturmaßnahmenplan einbezogen werden.

(6) Die Durchführung des Programms und die entsprechende jährliche Haushaltsplanung werden vom Rat und der Kommission überwacht.

Artikel 10

Berichtspflichten von Mitgliedstaaten, die Gegenstand eines Defizitverfahrens sind

(1) Beschließt der Rat nach Artikel 126 Absatz 6 AEUV, dass in einem Mitgliedstaat ein übermäßiges Defizit besteht, kommen auf Verlangen der Kommission die Berichtspflichten im Einklang mit den Absätzen 2 bis 5 dieses Artikels für diesen Mitgliedstaat zur Anwendung, bis das Defizitverfahren für den Mitgliedstaat beendet wird.

(2) Der Mitgliedstaat führt eine umfassende Bewertung des Haushaltsvollzugs für den Sektor Staat und die Teilsektoren des Sektors Staats im laufenden Jahr durch. Insoweit, als sie zum Bestehen eines übermäßigen Defizits beitragen können, sind auch die finanziellen Risiken in Verbindung mit den in Artikel 14 Absatz 3 der Richtlinie 2011/85/EU genannten Eventualverbindlichkeiten, die sich erheblich auf die öffentlichen Finanzen auswirken können, Gegenstand der Bewertung. Das Ergebnis dieser Bewertung wird in den nach Artikel 3 Absatz 4a oder Artikel 5 Absatz 1a der Verordnung (EG) Nr. 1467/97 vorgelegten Bericht über Maßnahmen zur Korrektur des übermäßigen Defizits aufgenommen.

(3) Der Mitgliedstaat berichtet regelmäßig an die Kommission und den Wirtschafts- und Finanzausschuss für den Sektor Staat und die Teilsektoren des Sektors Staats über den Haushaltsvollzug im laufenden Kalenderjahr, über die Auswirkungen getroffener diskretionärer Maßnahmen sowohl auf der Ausgaben- als auch auf der Einnahmenseite auf den Haushalt sowie über Zielwerte für die staatlichen Ausgaben und Einnahmen einschließlich Angaben zu den getroffenen Maßnahmen und der Art der zur Erreichung der Zielwerte geplanten Maßnahmen. Der Bericht wird veröffentlicht.

Der Kommission wird die Befugnis übertragen, gemäß Artikel 14 zur Festlegung des Inhalts der in diesem Absatz genannten regelmäßigen Berichterstattung delegierte Rechtsakte zu erlassen.

(4) Ist der betroffene Mitgliedstaat Gegenstand einer Empfehlung des Rates nach Artikel 126 Absatz 7 AEUV, wird der in Absatz 3 des vorliegenden Artikels genannte Bericht erstmals sechs Monate nach dem in Artikel 3 Absatz 4a der Verordnung (EG) Nr. 1467/97 vorgesehenen Bericht und anschließend halbjährlich vorgelegt.

(5) Ist der betroffene Mitgliedstaat Gegenstand eines Beschlusses über die Inverzugsetzung des Rates nach Artikel 126 Absatz 9 AEUV, umfasst der Bericht nach Absatz 3 des vorliegenden Artikels auch Angaben zu den Maßnahmen, die infolge der spezifischen Inverzugsetzung des Rates getroffen wurden. Er wird erstmals drei Monate nach dem in Artikel 5 Absatz 1a der Verordnung (EG) Nr. 1467/97 vorgesehenen Bericht und anschließend vierteljährlich vorgelegt.

(6) Auf Verlangen und innerhalb der von der Kommission gesetzten Frist ist ein Mitgliedstaat, der Gegenstand eines Defizitverfahrens ist, verpflichtet,

a) vorzugsweise in Abstimmung mit den nationalen obersten Rechnungskontrollbehörden eine umfassende, unabhängige Kontrolle der Haushaltsdaten aller Teilsektoren des Sektors Staat durchzuführen und darüber zu berichten, damit für die Zwecke des Defizitverfahrens Zuverlässigkeit, Vollständigkeit und Richtigkeit dieser Haushaltsdaten bewertet werden können.

b) zusätzliche verfügbare Angaben für die Zwecke der Überwachung der Fortschritte bei der Korrektur des übermäßigen Defizits vorzulegen.

Die Kommission (Eurostat) bewertet die Qualität der von dem betroffenen Mitgliedstaat nach Buchstabe a vorgelegten statistischen Daten nach der Verordnung (EG) Nr. 479/2009 vom 25. Mai 2009 über die Anwendung des dem Vertrag zur Gründung der Europäischen Gemeinschaft beigefügten Protokolls über das Verfahren bei einem übermäßigen Defizit [1].

Artikel 11

Mitgliedstaaten, für die das Risiko der Nichteinhaltung ihrer Verpflichtung nach dem Defizitverfahren besteht

(1) Bei der Prüfung, ob die Einhaltung der in einer Empfehlung des Rates nach Artikel 126 Absatz 7 AEUV oder eines Beschlusses des Rates über die Inverzugsetzung nach Artikel 126 Absatz 9 AEUV gesetzten Frist für die Korrektur des übermäßigen Defizits gefährdet ist, stützt sich die Kommission unter anderem auf die von den Mitgliedstaaten nach Artikel 10 Absatz 3 dieser Verordnung vorgelegten Berichte.

(2) Besteht die Gefahr der Nichteinhaltung der Frist für die Korrektur des übermäßigen Defizits, richtet die Kommission eine Empfehlung an den betroffenen Mitgliedstaat, innerhalb eines zeitlichen Rahmens, der mit der Frist für die Korrektur des übermäßigen Defizits vereinbar ist, die in der in Absatz 1 genannten Empfehlung oder dem in Absatz 1 genannten Beschluss über die Inverzugsetzung vorgesehenen Maßnahmen vollständig umzusetzen oder andere Maßnahmen zur Korrektur seines übermäßigen Defizits zu ergreifen, oder beides. Die Empfehlung der Kommission wird veröffentlicht und dem Wirtschafts- und Finanzausschuss vorgestellt. Auf Antrag des Parlaments des betroffenen Mitgliedstaats stellt die Kommission die Empfehlung diesem Parlament vor.

(3) Der betroffene Mitgliedstaat berichtet, zusammen mit den Berichten nach Artikel 10 Absatz 3, innerhalb des mit der Empfehlung der Kommission nach Absatz 2 festgelegten zeitlichen Rahmens an die Kommission über die infolge dieser Empfehlung getroffenen Maßnahmen. Der Bericht umfasst die Auswirkungen aller getroffenen diskretionären Maßnahmen auf den Haushalt, die Zielwerte für die staatlichen Ausgaben und Einnahmen einschließlich Angaben zu den getroffenen und der Art der zur Erreichung der Zielwerte geplanten Maßnahmen sowie Angaben zu den anderen Maßnahmen, die infolge der Kommissionsempfehlung getroffen wurden. Der Bericht wird veröffentlicht und dem Wirtschafts- und Finanzausschuss vorgestellt.

(4) Die Kommission beurteilt auf der Grundlage des Berichts nach Absatz 3, ob der Mitgliedstaat der in Absatz 2 genannten Empfehlung Folge geleistet hat.

Artikel 12

Auswirkungen auf das Defizitverfahren

(1) Das Maß, in dem die Stellungnahme der Kommission nach Artikel 7 Absatz 1 von dem betroffenen Mitgliedstaat berücksichtigt wird, wird berücksichtigt

a) von der Kommission bei der Erstellung eines Berichts nach Artikel 126 Absatz 3 AEUV und bei Empfehlung der Auferlegung einer unverzinslichen Einlage nach Artikel 5 der Verordnung (EU) Nr. 1173/2011;

b) vom Rat bei der Entscheidung nach Artikel 126 Absatz 6 AEUV, ob ein übermäßiges Defizit besteht.

(1) ABl. L 145 vom 10.6.2009, S. 1.

(2) Die in den Artikeln 10 und 11 dieser Verordnung festgelegte Überwachung ist Bestandteil der regelmäßigen Überwachung nach Artikel 10 Absatz 1 der Verordnung (EG) Nr. 1467/97 der Umsetzung von Maßnahmen der betroffenen Mitgliedstaaten infolge von Ratsempfehlungen nach Artikel 126 Absatz 7 AEUV oder Beschlüssen des Rates über die Inverzugsetzung nach Artikel 126 Absatz 9 AEUV zur Korrektur des übermäßigen Defizits.

(3) Die Kommission berücksichtigt bei der Prüfung, ob infolge der Empfehlungen nach Artikel 126 Absatz 7 AEUV oder der Beschlüsse über die Inverzugsetzung nach Artikel 126 Absatz 9 AEUV wirksame Maßnahmen getroffen worden sind, die Beurteilung nach Artikel 11 Absatz 4 dieser Verordnung und empfiehlt dem Rat gegebenenfalls, Beschlüsse nach Artikel 126 Absatz 8 oder Artikel 126 Absatz 11 AEUV zu fassen und dabei Artikel 3 Absatz 5 und Artikel 5 Absatz 2 der Verordnung (EG) Nr. 1467/97 gebührend Rechnung zu tragen.

Artikel 13

Kohärenz mit der Verordnung (EU) Nr. 472/2013 (1)

Die Artikel 6 bis 12 dieser Verordnung finden auf Mitgliedstaaten, die Gegenstand eines makroökonomischen Anpassungsprogramms sind, keine Anwendung.

KAPITEL VI

SCHLUSSBESTIMMUNGEN

Artikel 14

Ausübung der Befugnisübertragung

(1) Die Befugnis zum Erlass delegierter Rechtsakte wird der Kommission unter den in diesem Artikel genannten Bedingungen übertragen.

(2) Die Befugnis zum Erlass delegierter Rechtsakte gemäß Artikel 10 Absatz 3 wird der Kommission für einen Zeitraum von drei Jahren ab dem 30. Mai 2013 übertragen. Die Kommission erstellt spätestens neun Monate vor Ablauf des Zeitraums von drei Jahren einen Bericht über die Befugnisübertragung. Die Befugnisübertragung verlängert sich stillschweigend um Zeiträume gleicher Länge, es sei denn, das Europäische Parlament oder der Rat widersprechen einer solchen Verlängerung spätestens drei Monate vor Ablauf des jeweiligen Zeitraums.

(3) Die Befugnisübertragung gemäß Artikel 10 Absatz 3 kann vom Europäischen Parlament oder vom Rat jederzeit widerrufen werden. Der Beschluss über den Widerruf beendet die Übertragung der in diesem Beschluss angegebenen Befugnis. Er wird am Tag nach seiner Veröffentlichung im *Amtsblatt der Europäischen Union* oder zu einem in dem Beschluss angegebenen späteren Zeitpunkt wirksam. Die Gültigkeit von delegierten Rechtsakten, die bereits in Kraft sind, wird von dem Beschluss über den Widerruf nicht berührt.

(4) Sobald die Kommission einen delegierten Rechtsakt erlässt, übermittelt sie ihn gleichzeitig dem Europäischen Parlament und dem Rat.

(5) Ein delegierter Rechtsakt, der gemäß Artikel 10 Absatz 3 erlassen wurde, tritt nur in Kraft, wenn weder das Europäische Parlament noch der Rat innerhalb einer Frist von zwei Monaten nach Übermittlung dieses Rechtsakts an das Europäische Parlament und den Rat Einwände erhoben haben oder wenn vor Ablauf dieser Frist das Europäische Parlament und der Rat beide der Kommission mitgeteilt haben, dass sie keine Einwände erheben werden. Auf Initiative des Europäischen Parlaments oder des Rates wird diese Frist um zwei Monate verlängert.

Artikel 15

Wirtschaftspolitischer Dialog

(1) Zur Verbesserung des Dialogs zwischen den Organen der Union, insbesondere dem Europäischen Parlament, dem Rat und der Kommission, und zur Gewährleistung einer verstärkten Transparenz und Rechenschaftspflicht kann der zuständige Ausschuss des Parlaments gegebenenfalls den Präsidenten des Rates, die Kommission, den Präsidenten des Europäischen Rates oder den Vorsitzenden der Euro-Gruppe auffordern, an einer Ausschusssitzung teilzunehmen, um Folgendes zu erörtern:

a) die Vorgaben zum Inhalt der Übersicht über die Haushaltsplanung, die in dem nach Artikel 6 Absatz 5 festgelegten harmonisierten Rahmen angeführt werden;

b) die Ergebnisse der Erörterungen der Euro-Gruppe über die von der Kommission nach Artikel 7 Absatz 1 abgegebenen Stellungnahmen, soweit diese veröffentlicht wurden;

c) die von der Kommission nach Artikel 7 Absatz 4 vorgenommene Gesamtbeurteilung der Haushaltslage und der Haushaltsaussichten im Euro-Währungsgebiet insgesamt;

d) Rechtsakte des Rates nach Artikel 9 Absatz 4 und Artikel 12 Absatz 3.

(1) Verordnung (EU) Nr. 472/2013 des Europäischen Parlaments und des Rates vom 21. Mai 2013 [über den Ausbau der wirtschafts- und haushaltspolitischen Überwachung von Mitgliedstaaten im Euro-Währungsgebiet, die von gravierenden Schwierigkeiten in Bezug auf ihre finanzielle Stabilität betroffen oder bedroht sind] (Siehe Seite 1 dieses Amtsblatts).

(2) Der zuständige Ausschuss des Europäischen Parlaments kann dem Mitgliedstaat, der Adressat einer Empfehlung der Kommission nach Artikel 11 Absatz 2 oder eines in Absatz 1 Buchstabe d aufgeführten Rechtsakts des Rates ist, die Gelegenheit bieten, an einem Meinungsaustausch teilzunehmen.

(3) Das Europäische Parlament wird umfassend in das Europäische Semester eingebunden, um die Transparenz, die Eigenverantwortung und die Rechenschaftspflicht für die getroffenen Entscheidungen zu steigern, insbesondere über den wirtschaftspolitischen Dialog gemäß diesem Artikel.

Artikel 16

Überprüfung und Berichte über die Anwendung dieser Verordnung

(1) Die Kommission legt dem Europäischen Parlament und dem Rat bis zum 14. Dezember 2014 und anschließend jeweils im Abstand von fünf Jahren einen Bericht über die Anwendung dieser Verordnung vor, gegebenenfalls gemeinsam mit einen Vorschlag zur Änderung dieser Verordnung. Die Kommission veröffentlicht diesen Bericht.

Bewertet werden in den in Unterabsatz 1 genannten Berichten unter anderem

a) die Wirksamkeit dieser Verordnung;

b) die Fortschritte bei der Gewährleistung einer engeren Koordinierung der Wirtschaftspolitik und einer dauerhaften Konvergenz der Wirtschaftsleistungen der Mitgliedstaaten nach dem AEUV;

c) der Beitrag dieser Verordnung zur Erreichung der Ziele der Strategie der Union für Wachstum und Beschäftigung.

(2) Die Kommission berichtet bis zum 31. Juli 2013 über Möglichkeiten, die der bestehende haushaltspolitische Rahmen der Union bietet, um den Bedarf an produktiven öffentlichen Investitionen mit den Zielen der Haushaltsdisziplin im Rahmen der präventiven Komponente des Stabilitäts- und Wachstumspakts in Einklang zu bringen und dabei den Stabilitäts- und Wachstumspakt umfassend zu wahren.

Artikel 17

Übergangsbestimmungen

(1) Mitgliedstaaten, die bereits zum Zeitpunkt des Inkrafttretens dieser Verordnung Gegenstand eines Defizitverfahrens sind, halten die in Artikel 10 Absatz 3, 4 und 5 enthaltenen Bestimmungen über die regelmäßige Berichterstattung spätestens zum 31. Oktober 2013 ein.

(2) Auf Mitgliedstaaten, die bereits zum Zeitpunkt des Inkrafttretens dieser Verordnung Gegenstand eines Defizitverfahrens sind, finden die Artikel 9 Absatz 1 und Artikel 10 Absatz 2 nur insoweit Anwendung, als der Rat nach dem 30. Mai 2013 eine Empfehlung nach Artikel 126 Absatz 7 AEUV abgibt oder eine Inverzugsetzung nach Artikel 126 Absatz 9 AEUV beschließt.

In derartigen Fällen wird das Wirtschaftspartnerschaftsprogramm zur gleichen Zeit vorgelegt wie der im Einklang mit Artikel 3 Absatz 4a oder Artikel 5 Absatz 1a der Verordnung (EG) Nr. 1467/97 vorgesehene Bericht.

(3) Die Mitgliedstaaten kommen Artikel 5 bis zum 31. Oktober 2013 nach.

Artikel 18

Inkrafttreten

Diese Verordnung tritt am dritten Tag nach ihrer Veröffentlichung im *Amtsblatt der Europäischen Union* in Kraft.

Diese Verordnung ist in allen ihren Teilen verbindlich und gilt gemäß den Verträgen unmittelbar in den Mitgliedstaaten.

Geschehen zu Straßburg am 21. Mai 2013.

Im Namen des Europäischen Parlaments
Der Präsident
M. SCHULZ

Im Namen des Rates
Die Präsidentin
L. CREIGHTON